MEDITACIÓN

Técnicas para lograr la paz

(lienar tu vida con felicidad)

Jordi Haro

Publicado Por Daniel Heath

© Jordi Haro

Todos los derechos reservados

Meditación: Técnicas para lograr la paz (lienar tu vida con felicidad)

ISBN 978-1-989853-89-4

Este documento está orientado a proporcionar información exacta y confiable con respecto al tema y asunto que trata. La publicación se vende con la idea de que el editor no esté obligado a prestar contabilidad, permitida oficialmente, u otros servicios cualificados. Si se necesita asesoramiento, legal o profesional, debería solicitar a una persona con experiencia en la profesión.

Desde una Declaración de Principios aceptada y aprobada tanto por un comité de la American Bar Association (el Colegio de Abogados de Estados Unidos) como por un comité de editores y asociaciones.

No se permite la reproducción, duplicado o transmisión de cualquier parte de este documento en cualquier medio electrónico o formato impreso. Se prohíbe de forma estricta la grabación de esta publicación así como tampoco se permite cualquier almacenamiento de este documento sin permiso escrito del editor. Todos los derechos reservados.

Se establece que la información que contiene este documento es veraz y coherente, ya que cualquier responsabilidad, en términos de falta de atención o de otro tipo, por el uso o abuso de cualquier política, proceso o dirección contenida en este documento será responsabilidad exclusiva y absoluta del lector receptor. Bajo ninguna circunstancia se hará responsable o culpable de forma legal al editor por cualquier reparación, daños o pérdida monetaria debido a la información aquí contenida, ya sea de forma directa o indirectamente.

Los respectivos autores son propietarios de todos los derechos de autor que no están en posesión del editor.

La información aquí contenida se ofrece únicamente con fines informativos y, como tal, es universal. La presentación de la información se realiza sin contrato ni ningún tipo de garantía.

Las marcas registradas utilizadas son sin ningún tipo de consentimiento y la publicación de la marca registrada es sin el permiso o respaldo del propietario de esta. Todas las marcas registradas y demás marcas incluidas en este libro son solo para fines de aclaración y son propiedad de los mismos propietarios, no están afiliadas a este documento.

TABLA DE CONTENIDO

Parte 1 1

Introducción 2

Capítulo 1: ¿Qué Es La Meditación? 5

MEDITACIÓN DEL SONIDO PRIMORDIAL 6
MEDITACIÓN CONSCIENTE 7
MEDITACIÓN ZEN 8
MEDITACIÓN TRASCENDENTAL 8

Capítulo 2: Aprender A No Pensar En Nada Y Relajarse 10

INTENTAR NO PENSAR EN NADA 11
EJERCICIO DE RELAJACIÓN 12

Capítulo 3: Meditación Consciente En Solitario 16

ESCOGER UN LUGAR 16
ESCOGER LA POSTURA 17

Capítulo 4: Meditar Con Ejercicios De Respiración 21

Capítulo 5: Cosas Que Ayudan Al Meditar 27

¿CÓMO AYUDA ESTO? 27

Conclusión 30

Parte 2 33

Introducción 34

Capítulo 1 – De Que Se Trata La Meditación 37

POR QUÉ SE USA LA MEDITACIÓN 40

Capítulo 2 – Los Primeros Pasos 43

PASO 1 – CONSEGUIR EL EQUIPO ADECUADO 43
PASO 2 – DEDICAR UN LUGAR PARA MEDITAR 44
PASO 3 – TENER UN DIARIO 44
PASO 4 – APRENDER A PENSAR EN NADA 45

Capítulo 3 – Aprender A Respirar Correctamente 47

PASO 5 – EJERCITAR LA RESPIRACIÓN 47
PASO 6 – ALINEAR LA COLUMNA 48
PASO 7 – APRENDER A RESPIRAR Y RELAJARSE 49
PASO 8 – APRENDER RESPIRACIÓN ENERGIZANTE 50

Capítulo 4 – Tu Primera Sesión De Meditación 52

PASO 9 – POSICIÓNATE PARA MEDITAR 52
PASO 10 – POSICIONA TUS MANOS 52
PASO 11 – PIENSA EN TU PROPÓSITO 53
PASO 12 – VACIAR LA MENTE 54
PASO 13 – MEDITAR 54

Capítulo 5 – Introducción Al Mindfulness 57

PASO 14 – APRENDER DE TU MEDITACIÓN 57
PASO 15 – PAZ Y CALMA INTERIOR 58
PASO 16 – COMER CONSCIENTEMENTE 60
PASO 17 – MINDFULNESS EN LA OBSERVACIÓN 61

Capítulo 6 – Meditación Enfocada 64

PASO 18 – ENCUENTRA UN PUNTO FOCAL INSPIRADOR 64
PASO 19 – PREPARARSE PARA MEDITAR 64
PASO 20 – CONCENTRARTE EN EL CANTO 66
PASO 21 – APRENDER A CANTAR 66
PASO 22 – INCORPORAR EL CANTO A TU MEDITACIÓN 67
PASO 23 – MEJORA TU MEDITACIÓN 68
PASO 24 – PREPARARTE PARA TERMINAR TU SESIÓN DE MEDITACIÓN 68

Capítulo 7 – Encontrar La Paz A Través Del Conocimiento Meditativo 71

PASO 25 – LEER TEXTOS INSPIRADORES 71
PASO 26 – CONOCER LOS BENEFICIOS DE LA MEDITACIÓN EN MOVIMIENTO 73
PASO 27 – LA CONEXIÓN CUERPO-MENTE 74

Capítulo 8 – La Importancia De Las Decisiones De Estilo De Vida 76

Paso 28 – Conocer Los Beneficios De Una Dieta Variada........ 76
Paso 29 – Guarda Tus Malos Hábitos 77
Paso 30 – Desintoxicación 78
Paso 31 – Dormir Lo Suficiente 78

Capítulo 9 – Añadir Inspiración A Tu Vida 81

Paso 32 – Hacer Caminatas Inspiradoras 81
Paso 33 – Anotar Tus Pensamientos 82
Paso 34 – Ser Creativo 83

Conclusión 85

Parte 1

Introducción

Cuando las personas hablan de meditación suelen confundirse con los diferentes tipos que existen y dudan de su capacidad de concentrarse y dejar de pensar. Para quienes llevan una vida ocupadaes extraño ver imágenes de personas sentadas en posiciones difíciles y tienen la impresión de que la meditación es demasiado compleja para ellos.

Otros se benefician porque prueban la meditación y descubren que esta logra centrar su vida. Ayuda a que los sentidos estén más despiertos y trae paz y felicidad a lo que suele ser una vida caótica. Para los principiantes no es una cuestión de habilidad, sino una cuestión de tiempo, porque cuanto antes se aprendan estas técnicas, mayores serán los beneficios que se sentiránal meditar.

¿Crees tener una vida ocupada? La meditación ayuda a tomar mejores decisiones y a incrementar la productividad. ¿Cómo? Pues te ayuda a concentrarte mejor y a tomar decisiones más rápido con una mente más clara. Muchos empresarios han descubierto que la meditación los ayuda a permanecer en sintonía consigo mismo de modo que pueden evitar dudar.

También vale la pena mencionar los beneficios a la salud que conlleva la meditación, ya que muchos permiten que sus niveles de estrés se incrementen, lo que puede fomentar todo tipo de enfermedades. Sin embargo, la meditación ayuda a retener la habilidad de vivir una vida feliz y balanceada a pesar del estrés, porque ayuda a poner la vida de quien la practica en perspectiva.

¿Crees que no es suficiente información para tomar una decisión? Sigue leyendo, porque este libro está escrito como una introducción a una manera transformadora de ver la vida. Es un acercamiento, sin dudas beneficioso, que se usa en todo el mundo para ayudar a la gente a volverse más centrada y a estar en paz con el mundo en el que viven. La práctica budista y el acercamiento oriental a prácticas similares están bien establecidos. No se trata de una actividad de moda. De hecho, quienes la practican de forma regular pueden asegurar que la meditaciónles ha traídobeneficios. Lee, disfruta y entonces toma una decisión porque este libro está escrito para principiantes.

Capítulo 1: ¿Qué es la meditación?

La meditación es concentrarte en algo más que el ruido de tus pensamientos. Puede que veas a personas sentadas en lo que parece una posición incómoda, pero no debes preocuparte por eso. Esto lo hacen quienes practican yoga, que va mano a mano con ciertos tipos de meditación. La meditación toma muchas formas, desde concentrarse en respirar a concentrarse en un objeto específico.Lo que permite la meditación es que la mente se centre en algo que no sean las influencias externas que la vida arroja en el camino de todos en su día a día.

Aquí hay ejemplos de diferentes tipos de meditación. Estas ideas te ayudarán a decidir qué tipo de meditación iría mejor contigo. Recuerda que eres tú quien necesita los beneficios de la meditación que practiques, y otros tipos serán más apropiados para otro tipo de persona.

Meditación del sonido primordial

Este tipo de meditación la practican por lo general los hindúes. Puedes encontrar centros Chopra por todo el mundo si decides empezar este tipo de meditación, y la idea es que uses un mantra. Es decir, una frase que repites para concentrarte en el mantra y nada más, lo que ayuda a liberar la mente de otros pensamientos. Es un método de meditación muy antiguo; los mantras se escogen de acuerdo a la fecha y hora de nacimiento y consiste en sonidos que se calculan usando fórmulas védicas.

Se practica sentándose en silencio por un lapso de tiempo determinado. Esto es más difícil de lo que crees. Debes mantener los ojos cerrados y cubrirte los oídos con los dedos para obstruir el sonido. Una vez relajado, se debe repetir el mantra y no pensar en nada más. Los practicantes deben escuchar las vibraciones y permanecer en sintonía con ellas. Este tipo de meditación se centra en el intelecto o en el chakra de la corona que se localiza en la parte superior de la cabeza.

Meditación consciente

Esta es una elección común para personas que nunca han experimentado con la meditación ya que ayuda a que los estudiantes logren relajarse y los incentiva a concentrarse en partes del cuerpo hasta volverse conscientes de cada una, similar a las técnicas de relajación que usan los profesionales de la salud. Lo que la lleva más allá es concentrarse en la respiración. Los ejercicios que haces con esta clase de meditación son directos y se pueden practicar en solitario en un lugar tranquilo para ayudar a centrar y despertar la mente. Es una forma de meditación ideal para quienes buscan paz interior, un mejor entendimiento y escapar del estrés de la vida diaria.

La meditación consciente hace que te centres en el momento en el que vives. Esto significa que empiezas a apreciar cada momento por lo que ofrece, en lugar de caminar por la vida con los ojos cerrados ante las oportunidades.

Meditación zen

Este es el tipo de meditación que practican los monjes budistas e incentiva a que te concentres en tu interior. Con esta meditación también debes concentrarte en la respiración y en la unidad entre tú y el universo. Posiblemente es uno de los métodos que se practican mejor con la enseñanza de un maestro experimentado.

Meditación trascendental

Es muy similar a la meditación del sonido que mencionamos antes, porque depende de un mantra y también usa palabras del sánscrito que no te serán familiares. La idea de los mantras es que son palabras a las que no les das un significado. Porque, por ejemplo, cuando usas una palabra que reconoces, tu mente directamente pensará en lo que significa. Con la meditación trascendental te concentras en esas palabras para que tu mente se aleje de los pensamientos del día a día. Esta fue la clase de meditación que se volvió popular en los sesenta cuando los Beatles se involucraron en prácticas de meditación.

Estas son las formas comunes de meditación y puede que encuentres un lugar en el que den clases en donde vives. También podrías visitar un retiro conocido o un Ashram ya que estos son lugares específicamente diseñados para ayudar a quienes quieren aprender prácticas para meditar con entrenadores bien instruidos en la complejidad de la meditación. También proporcionan un descanso alejado de todo el ambiente normal y junto a otros que también buscan la paz mental a través de la meditación.

Capítulo 2: Aprender a no pensar en nada y relajarse

Durante las técnicas de relajación se pide a los estudiantes que se concentren en partes del cuerpo y que sean conscientes de cómo se tensan y se relajan. El maestro o guía explica al estudiante cómo puede alejarse de otros pensamientos y simplemente concentrarse en cada parte al recostarse en una posición cómoda, de modo que no se distraiga. Esto resulta beneficioso para quienes viven estresados y se ven incapaces de encontrar la tranquilidad. Sin embargo, la meditación da un paso más allá. Con algunas formas de meditación se fomenta no pensar en nada. Es algo difícil y suele ser la razón de que muchos principiantes escojan la meditación consciente, ya que les da algo en lo que concentrarse. En esta práctica la idea es centrarse en la respiración y muchas variantes de la meditación también usan este método.

Intentar no pensar en nada

Mientras tanto, intenta encontrar un lugar tranquilo sin ruidos externos. Ponte en una posición en la que el cuerpo se sienta cómodo, de preferencia sentado con las rodillas y los pies cruzados. Coloca las manos sobre las rodillas. Si practicas el ejercicio de no pensar en nada, puede que descubras que eres capaz de hacerlo, pero aún así te parezca muy difícil. Lo que sabrás con esto será qué tipo de meditación será mejor para ti. Cierra los ojos. Pon un cronómetro y luego mira cuánto tiempo puedes permanecer sin pensar en nada.

Esto no es meditar. En este punto se trata de una evaluación de tus necesidades personales. Fíjate cuánto tiempo eres capaz de no pensar. Mantén un registro del tiempo que puedes manejar, aunque solo sea una pequeña nota mental. Vuelve a intentarlo otro día y concéntrate en no pensar absolutamente en nada para aclarar tu mente y tus pensamientos.

Apenas entre algún pensamiento a tu cabeza, algo que sucederá, intenta volver a centrarte.

La idea de este ejercicio es que evalúes tus necesidades con la meditación. Es probable que, si nunca antes has intentado meditar, funcione mejor contigo el tipo de meditación en la que te dan algo en lo que concentrarte. Pasar tiempo en silencio y sin pensamientos te ayudará a relajarte, e incluso si te resulta imposible quitar los pensamientos de tu cabeza, la meditación consciente o la meditación del sonido primordial funcionarán muy bien contigo porque reemplazan ese vacío y te dan algo en lo que pensar, lo que puede resultar muy útil al meditar.

Ejercicio de relajación

Este ejercicio está diseñado para ayudar a relajarte. La relajación es una parte integral de la meditación, de modo que este ejercicio te ayudará a prepararte para empezar prácticas más serias.

Recuéstate en un lugar sin distracciones o ruidos externos. Si hay alguna televisión encendida en los alrededores, apágala. Fíjate que la ropa que lleves puesta sea cómoda y no ajustada. Desabrocha cualquier cinturón y asegúrate de que no lleves nada que te moleste o irrite la piel.

Cierra los ojos. Concéntrate en los dedos de los pies. Ténsalos hasta que puedas sentir cómo se mueven. Luego trasládate hacia el tobillo y repite el proceso. Concéntrate, ténsalo y luego suelta. Trabaja tu cuerpo desde el tobillo a la rodilla, de la rodilla al muslo y sigue con el resto del cuerpo, las muñecas, el cuello, hasta la parte superior de la cabeza. Cada vez que pases a otra parte, respira y presta atención al aire que inhalas por la boca y exhalas por la nariz.

Cuando hayas pasado por todo el cuerpo deberías sentirte más relajado. Abre los ojos y lentamente empieza a habituarte a la habitación que te rodea. No te apresures. Tómate tu tiempo y siente los beneficios de la relajación. Vuelve a sentarte poco a poco.

La idea de este ejercicio es ayudarte a ver que la relajación puede quitar de tu cabeza las preocupaciones del día, al menos por el tiempo que logres relajarte. Esto quiere decir que con la práctica continua podrás sentirte de este modo por mucho más tiempo sin tener que hacer el proceso de relajación. Cuando meditas te concentras en las cosas de las que eres consciente, aceptas la vida y sientes una gran sensación de bienestar que te hace sentir genial y promueve tu fuerza interior para enfrentar los problemas diarios. De eso se trata la meditación; es una forma de beneficiarte al recargar las baterías y hacerte más eficiente y capaz siendo consciente, pero sin inducir cualquier clase de estrés.

Si estos ejercicios funcionan para ti, podrás meditar por tu cuenta. Sin embargo, si crees que necesitas el apoyo de un maestro calificado y otros estudiantes, entonces una clase puede ser la mejor manera de aprender los pros y los contras de la meditación, bajo su guía y con el incentivo de otros que sienten que la experiencia es un poco confusa.

Capítulo 3: Meditación consciente en solitario

Este es un tipo de meditación fácil de practicar estando solo. Quizá prefieras la disciplina de aprender en una clase y está bien, pero mientras tanto lo mejor es ir probando con tu primera experiencia meditando. La meditación consciente puede ser útil en cualquier momento de tu vida que te sientas estresado o triste. Ayuda a que te sientas feliz y a sentirte uno con el mundo que te rodea.

Escoger un lugar

Mientras no haya nada que te distraiga y puedas sentirte a salvo y solo, puedes practicar en cualquier lugar. El ambiente del lugar que escojas debe ser tranquilo. Debes estar solo y sin distracciones, pero también es posible hacerlo en una habitación tranquila en el trabajo o en la comodidad del hogar.

Escoger la postura

Puede que aún no seas consciente de ello, pero puedes meditar de pie, caminando e incluso sentado o recostado. Para tus primeras experiencias la mejor posición es estando sentado de forma cómoda. Debes evitar usar cualquier tipo de ropa que apriete porque esto distraerá tu mente y no es un buen modo de empezar a meditar.
Estando sentado necesitas tener la espalda derecha. La espina dorsal debe mantenerse recta durante todo el proceso así que mantente al tanto y no te encorves. Es por esta razón que las personas que hacen yoga se sientan en el suelo o en una alfombra con las piernas cruzadas. No intentes doblar el pie con una posición de yoga porque es demasiado difícil para un principiante. Simplemente cruza los tobillos frente a ti.

Posiciona las manos para que descansen

sobre las rodillas y junta el pulgar con el dedo índice. Si no logras acostumbrarte a esta posición y se siente poco natural, simplemente relaja las manos sobre las rodillas.

Inclina la cabeza ligeramente hacia adelante porque eso ayuda a respirar con mayor facilidad y será la posición más cómoda para tu primera experiencia meditando. Recuerda inclinarla desde el cuello, no de los hombros.
Existen varios principios en la meditación consciente:

- Consciencia del cuerpo
- Consciencia de todas las sensaciones dentro del cuerpo y de la mente
- Consciencia aplicada a los patrones de pensamientos
- Pensamiento consciente

Cada uno de ellos aporta beneficios, pero como es tu primera sesión es importante no complicarse demasiado. Los primeros dos principios pueden parecer similares, pero son completamente diferentes. La consciencia del cuerpo es simplemente reconocer cada parte de él como has hecho en el ejercicio de relajación anteriormente.

La consciencia de todas las sensaciones significa que literalmente pienses en cómo te hace sentir cada parte del cuerpo. Experimentarás incomodidad si la hay, dolor si duele algo, y te volverás consciente de la imagen mental de cómo se siente esa parte del cuerpo. En el primer tipo de meditación solo eres consciente de la existencia de cada parte del cuerpo y quizá sea lo mejor para un principiante porque no te distrae demasiado.

Empezar tu sesión de meditación

Una vez que estés cómodo y en posición es hora de comenzar el viaje a la meditación. Cierra los ojos para ignorar las influenciasexteriores. Localiza los pies. No pienses en nada más que el dedo del pie, luego el siguiente, pero hazlo lentamente, trabajando el cuerpo hacia arriba y siendo consciente de esa parte y nada más.

Atraviesa cada parte del cuerpo, pero hazlo lento, sin pensar en nada más que en esa parte. También puedes incluir órganos internos y pensar en el hígado, el bazo, el estómago, los pulmones, los músculos de los hombros, del cuello, etc., pero tu mente solo debería ser consciente de la parte del cuerpo en la que te concentres. No debes pensar demasiado en ello o distraerte con nada que no sea esa parte.Una vez que termines de meditar y hayas cubierto cada parte de ti, mantén los ojos cerrados. Inhala y exhala muy despacio y entonces abre los ojos.

Capítulo 4: Meditar con ejercicios de respiración

Este es el modo en el que meditan muchas personas en la India y es muy útil para ayudar a centrar tu atención en una situación difícil. Ayuda a que te sientas con más energía y a que seas capaz de concentrarte de un modo determinado. Este tipo de meditación es útil si tienes una reunión complicada o si solo quieres sentirte en paz contigo mismo. Si eres alguien que no suele estar relajado y siempre se siente tenso y estresado, esta es una gran meditación que puedes intentar porque ayuda a que te sientas en calma incluso si no pasas por un buen momento.

Siéntate en un lugar tranquilo. Asegúrate de tener la espalda derecha, escoge una posición para sentarte en la que las piernas se sientan cómodas y pon las manos sobre el regazo. Si tomas clases por lo general se usa la posición tradicional de yoga, pero si quieres practicar durante el día o en el trabajo en un lugar tranquilo, no hay nada que te impida usar una postura cómoda que te de suficiente soporte corporal.

Deberías inclinar la cabeza ligeramente hacia adelante para mantener una mejor respiración. Con esta meditación tienes algo en lo que concentrarte. Ponte en posición y siéntate en la tranquilidad de una habitación durante unos minutos antes de empezar. Lo difícil para muchos principiantes es separarse de sus vidas ocupadas y adentrarse en un estado de meditación, así que recuerda siempre aclimatarte a la habitación, a la nueva posición y luego a la meditación, en lugar de esperar que tu mente reaccione de un estado a otro de forma inmediata. No funciona de ese modo y es más probable que sientas el «ruido» en tu interior si intentas meditar justo después de entrar a la habitación. El cuerpo aún seguirá en un estado activo así que necesitas que se relaje a su ritmo.

Cuando estés cómodo y en silencio y las ropas no te incomoden en lo más mínimo, puedes empezar a meditar. El objetivo de la meditación es que te vuelvas consciente de nada más excepto tu respiración. Vas a inhalar por la nariz y exhalar por la boca a cierto ritmo siguiendo los pasos a continuación.

Inhala por la nariz y percibe el aire que dejas entrar a tu cuerpo mientras cuentas mentalmente hasta seis. Mantén el aire. Siéntelo dentro de tu cuerpo. Exhala por la boca lentamente pero a la cuenta de ocho.

Continua de este modo, recuerda que la respiración está controlada y que solo deberías pensar en la respiración y nada más. No dejes que influencias eternas interrumpan tu concentración. Estás dando a tu mente un descanso alejado del mundo, lo que ayuda a que puedas concentrarte en cualquier problema que se te presente.

Este tipo de meditación no necesita ningún

mantra. El mantra es tu respiración. Si este tipo de meditación te resulta útil puede que quieras desarrollarlo y perfeccionarlo, y si ese es el caso una clase puede ser excepcionalmente útil para ti tanto en meditación como en yoga, porque esta parte se desarrolla en un período de tiempo y podrás fortalecerte de los ejercicios que hagas con otros. También refuerza tu voluntad de meditar porque puedes ver los beneficios muy pronto y querrás continuar hasta alcanzar un nivel más profundo de meditación y que puedes lograr a través del yoga.

La calidad de tu respiración es algo en lo que quizás nunca piensas. En realidad la mayoría lo toma por sentado. La razón por la que te concentras en ello es porque cuando lo piensas en profundidad no puedes pensar en otras cosas que te distraigan. Alcanzas la paz interior que buscas y que está dentro de cada uno aunque muchos no se dan cuenta.

Es esta paz que encuentras en tu interior la

que te hace más fuerte, más feliz y te ayuda a liberar el estrés. Quizás recuerdas ese ejercicio de respirar en una bolsa que hace la gente cuando sufre de ataques de ansiedad. La idea es que puedas distraer tu mente y se centre en la respiración además de ajustar el nivel de oxígeno en el cuerpo. Cuando usas técnicas de meditación como las que se mencionan en este capítulo, aprendes a calmarte, a centrarte y a relajar el cuerpo y la mente.

Una vez que descubras cómo hacerlo sin distraerte permitirás que tu mente se vuelva consciente de la respiración y al mismo tiempo haces mucho más que eso. Le enseñas a tu mente a desconectarse de todo lo que sucede a tu alrededor. Los practicantes con mayor experiencia pueden hacer este tipo de meditación incluso cuando están rodeados de gente.

Puede que encuentres lugares cerca de una fuente de agua que te parezcan tranquilos, aunque mientras tengas poca experiencia es probable que el sonido de las ondas del agua o de una corriente te resulte una distracción; sin embargo, puedes introducir este tipo de meditación en ese ambiente para reforzar tu habilidad de concentración en la respiración.

Capítulo 5: Cosas que ayudan al meditar

En verdad vale la pena cuidarte a ti mismo y sacar provecho de las cosas positivas que te rodean; es decir, ser consciente de cada momento. Mientras comes, en lugar de solo tragar la comida como en toda rutina, céntrate en el sabor que llega a tu paladar. Percibe las diferentes texturas.

Cuando caminas cerca de las flores en un parque, presta atención a la delicadeza de sus pétalos, al aroma de la planta y al modo en que crecen las hojas. Presta atención al aire que respiras.

¿Cómo ayuda esto?

Ayuda a que te vuelvas consciente. Estar consciente es tener una mente que acepta todo lo que se le presenta y ve el lado positivo de la vida. Esto ayuda a volverte una persona mucho más feliz. Durante la primavera, nota como el clima frío se ha disipado y la onda cálida permite quitarte todas esas capas de ropa. Disfruta del sol y siéntelo sobre la piel.

Deléitate comiendo fruta y percibe el jugo que ayuda a enriquecerte de vitaminas. Disfruta de la naturaleza lo más que puedas y asegúrate de pasar tiempo a solas en un ambiente natural porque la naturaleza es un gran apoyo que te ayuda a enmendar las cosas malas en las que puedes estar pensando. Cuanto más te concentres en las que cosas que te rodean y en su belleza, es más probable que te sientas menos estresado e incompleto.

Es por este motivo que la meditación consciente suele estar por encima de las demás para los principiantes. Cuando te vuelves consciente y te dejas embriagar por lo que te rodea, el interior de tu cuerpo y la respiración te ayudan a sentirte más centrado y menos estresado. Los ejercicios de respiración también son muy buenos para momentos en la vida en los que necesitas recuperar fuerzas y prepararte para enfrentar tiempos difíciles o problemas complicados para resolver una situación. Verás con mayor claridad. Serás capaz de encontrar respuestas en tu interior que la meditación permite que veas.

Sin la meditación no puedes dar esa claridad a tu mente.

Conclusión

Si te encuentras a punto de querer empezar a meditar pero aún no te atreves a tomar clases, intenta los ejercicios que se mencionan en los capítulos anteriores, porque te darán una idea de los beneficios de la meditación. Puedes avanzar al unirte a una clase y aprender con otros que, al igual que tú, quieren alcanzar ese lugar en su interior que les trae paz y armonía.

El poder de la meditación para liberar estrés es incuestionable y ayuda a fortalecerte para que puedas notar las cosas buenas cuando la vida te trata mal. Ayuda a que te concentres y te vuelvas más consciente de ti mismo y tu papel en el ambiente en el que vives.

Si piensas lógicamente en qué significa vivir el momento, significa ser consciente de un momento en particular de tu vida. Significa dejar atrás las cargas del pasado durante el momento de meditación y no estar triste debido a la preocupación por el futuro. El presente puede ser el único momento que tengas y ser totalmente consciente de ello te permitirá empezar a apreciar la vida a un nivel diferente del que lo has hecho en el pasado. Empezarás a ver que las cosas triviales no tienen importancia y serás capaz de centrarte en cosas que tienen mayor valor.

La práctica te ayudará a mejorar en la meditación. Empezarás a perder esa voz en tu interior que habla más de la cuenta. En lugar de pensar en problemas, en las cosas que te han dicho los demás, en heridas del pasado, empezarás a sentir el momento y eso es algo muy valioso. Te ayudará a ver la vida desde una nueva perspectiva y a aprovechar cada oportunidad que se te presente.

La meditación ayudará a que te sientes con más fuerza, más tranquilo y capaz de relajarte. Muchas personas hoy en día nunca se relajan y esperan que su vida se desarrolle a la perfección mientras que no le dan al cuerpo lo que necesita. Todos necesitan esa paz mental y, aún así, día tras día estas personas son las que más lo necesitan pero son las que menos se benefician porque no se dan un tiempo y no pueden desconectar su mente de los problemas del mundo. Eso es vital cuando buscas paz y felicidad. Incluso si tienes un trabajo ocupado y estresante, hacer un poco de tiempo para meditar te fortalecerá y te hará capaz de hacer más cosas sin estresarte. Tu mente estará más organizada. Tu espíritu estará más feliz y tu cuerpo probablemente se sienta más cómodo porque serás consciente de sus necesidades.

Parte 2

Introducción

¿Sufres de estrés? ¿Sabes que el estrés se está convirtiendo en uno de los problemas más grandes del siglo 21? Más y más gente se está dando cuenta que los tratamientos tradicionales no sirven para curar las enfermedades relacionadas con el estrés. Entonces, es hora de encontrar remedios alternativos o formas de evitar el estrés sin usar drogas. Las cifras que da el Centro Nacional de EstadísticasMédicas prueban que la cantidad de recetas médicas escritas ha aumentado 400 por ciento más que en años anteriores. ¿Pero, que está sucediendo realmente? Otras estadísticas muestran un marcado incremento en las enfermedades relacionadas con el estrés. Entonces, si se están haciendo más recetas médicas pero el problema sigue aumentando, algo no está funcionando.

El camino a la meditación puede ser complicado para algunas personas. En un mundo tan competitivo como el nuestro, donde se nos dice que tenemos que ser los mejores todo el tiempo, ¿cómo hacemos para entender que tenemos que apagar nuestra mente? La verdad es que no es algo fácil de hacer, pero la meditación existe hace siglos y ha ayudado a los que la practican a obtener paz mental. Esta paz mental enriquece tu vida. No es algo imaginario ni tampoco algo inalcanzable para quienes eligen esta ruta. Sin embargo, entendemos que no es algo fácil para quienes tienen una mente ocupada. Es por eso que este libro fue escrito dividido en pasos. Te ayudara a realizar todos los pasos necesarios para poder meditar. Luego, podrás tener mayor control de tu vida.

Hay muchas historias sobre meditación, sin embargo, la filosofía budista es la forma más fácil de explicar por qué la meditación funciona y por qué los budistas meditan.

Todo comenzó hace mucho tiempo, pero Siddhartha Gautama, quien fue el primer Buda, se preguntó por qué la gente sufría tanto. Dejando todas las comodidades de su vida de príncipe, quiso saber por qué la gente sufría tanto. La meditación era algo común en esos tiempos, aunque se requería mucha concentración para lograr el objetivo final de la meditación, que era la iluminación. Cuando Siddhartha logro esa iluminación, se sorprendió con lo que hallo. Su hallazgo fue que hasta un cierto punto la humanidad es la responsable de su propio sufrimiento y que si se tomaban ciertos pasos, podía evitarse este sufrimiento.

La meditación fue parte de los hallazgos, pero fue tan importante que todavía tiene validez hoy en día. Adéntrate en este libro y sigue los 34 pasos hacia la libertad personal.

Capítulo 1 – De Que se Trata La Meditación

Si nunca has tenido nada que ver con la meditación, es posible que tengas la idea en tu cabeza de que las personas que hacen esto se sientan en círculos y, literalmente, vuelan. Pero no es tan simple como eso. La meditación requiere concentración. Dentro de cada ser humano, hay puntos de energía. Es posible que no los conozcas, pero se les conoce como chacras. La ciencia médica está de acuerdo con esta premisa y si observas la práctica de la acupuntura, verás que los profesionales también te hablan sobre estos centros de energía que se bloquean. Por lo tanto, lo que termina sucediendo es que una persona con los puntos de energía bloqueados se sentirá mal. Esto puede relacionarse tanto con las enfermedades físicas como con el bienestar general.

La meditación es una práctica que permite a las personas liberar estos puntos de energía para que la energía pueda fluir a través del cuerpo de una manera más eficiente. Cuando esto sucede, el paciente siente una sensación de bienestar y es más capaz de hacer frente a la vida en general porque la energía fluye correctamente y no hay bloqueos. La meditación ayuda a las personas a reconocer dónde pueden estar esos bloqueos y ayuda a liberarlos para que tenga energía y sienta una sensación de calma y claridad que la vida no le permitirá sentir.

La meditación toma diferentes formas, dependiendo de tu preferencia. Por ejemplo, uno puede meditar con un canto, o con el ritmo de la respiración. Las personas incluso meditan mientras caminan o estando conscientes de todo lo que sucede a su alrededor, pero viendo todo de una manera diferente. La meditación de Mindfulness toma al paciente y lo hace consciente del momento en el que vive, los maestros muestran a los estudiantes cómo observar de manera positiva, para no llevar ninguna forma de juicio a la práctica de la observación.

Otras de las cosas que puedes pensar sobre la meditación, puede ser si eres capaz de sentarte en la posición incómoda que asocias con la meditación. De hecho, no tienes que sentarte en la posición de Lotus para meditar. Las personas pueden meditar en cualquier lugar, mientras la posición que elijas le dé una apoyo estable a la espalda, es posible realizarla mientras está sentado en una silla de madera dura normal.

Otros tienen imágenes de grupos de personas sentadas en el suelo y se preguntan cómo es posible que mediten cuando hay tanta distracción. El hecho es que los maestros y gurús que enseñan meditación también enseñan a los estudiantes a concentrarse en lo que están haciendo y lo que sucede alrededor del estudiante tendrá poca importancia porque su nivel de concentración en el proceso real de meditación es tal que bloquea cualquier potencial interrupción. Sin embargo, cuando estéscomenzando a aprender meditación, es una buena idea que tengas un lugar tranquilo para meditar. Es tu falta de experiencia lo que te impedirá tener éxito y tener una ventaja al estar en un lugar tranquilo ayuda considerablemente.

Por qué se usa la meditación

La razón por la que la gente usa la meditación es para mejorar su conocimiento o acercarse a su propio sentido de espiritualidad. Cuando eres capaz de meditar, no te alteras por pequeñeces. De hecho, te das cuenta que tus niveles de estrés son más bajos y que por eso puedes hacer más cosas. Ayuda a la salud también, porque baja tu presión arterial, hace que tu corazón vaya más lento y la mediación también ayuda a que el cuerpo obtenga la relajación necesaria para liberar endorfina lo que a la vez te hace sentir mejor mental y físicamente.

La meditación ayuda a la concentración. Si tienen vidas estresantes, eso significa que sus mentes se toman un descanso del estrés y, a cambio, su mente puede recuperar la energía necesaria para seguir con su ocupada vida sin sobrecargarse. Eso es importante hoy en día.

Los pasos por los que te guiamos te darán todas las instrucciones que necesitas, pero puedes estar seguro que cuando elijas esta ruta, comenzaras a sentirte mejor. Tu cuerpo puede manejar más cosas y tu mente no se sobrecarga con estrés. La meditación te ayuda a balancear tu vida y te ayuda a acercarte a la fuente de tu espiritualidad. No tienes que ser religioso para practicar la meditación ya que en lo único que tienes que creer para meditar es en ti mismo.

Para aquellos que necesiten ayuda para meditar o sienten que un sistema de soporte externo les ayudaría, se recomienda ir a clases de yoga o meditación. En un ambiente como este, los que practican meditación reciben ayuda de sus pares y de instructores que están calificados para trabajar con las personas y ayudarlos a desarrollar su habilidad de meditar. Quizás encuentres que una visita a un retiro espiritual te sea beneficiosa, aunque esto no es obligatorio. Cuando Siddhartha Gautama meditaba y encontró la respuesta al sufrimiento humano, él estaba solo, aunque el recibió una educación clásica sobre meditación y el ir a retiros espirituales era parte de ella.

Capítulo 2 – Los Primeros Pasos

Los primeros pasos que debes realizar se muestran en este capítulo y tratan sobre tu preparación para meditar. Estos forman el comienzo de tu relación con la meditación y debes realizarlos para prepararte para los beneficios de la meditación.

Paso 1 – Conseguir el equipo adecuado

El equipo que se necesita es simple. Te darás cuenta que necesitas una colchoneta de yoga para hacer la meditación en la posición tradicional. Para esta tienes que cruzar los tobillos y hay alguna gente a la que esto les cuesta por eso es que yo sugiero que inviertas en una silla para meditación. Una silla de meditación zen puede ser una silla de madera con un almohadón del que se usa en la cama. La silla debe estar inclinada así no te cuesta ponerte en la posición y tampoco tienes que sufrir calambres en tus piernas. Alternativamente, puedes usar un almohadón

No hay una vestimenta específica para

meditar. Solo que lo que vistas no te incomode.

Si quieres hacer de tu área de meditación algo más inspiracional, puedes poner objetos que te inspiren. Mucha gente usa sahumerios de incienso, estatuas de buda o hasta hacen altares para crear el ambiente de meditación. Quizás también quieras invertir en música que puedas escuchar antes de meditar, así estas relajado y puedes meditar de manera más efectiva.

Paso 2 –Dedicar un lugar para meditar

La razón por la que esto es importante es por que debes incorporar a la meditación en tu vida diaria. Si tienes un lugar dedicado a la meditación, es más difícil que te olvides de meditar y lo tomaras en serio. Este espacio debe estar en un lugar donde no serás interrumpido. Debe estar lejos del ruido y las distracciones y debe tener una temperatura que sea agradable.

Paso 3 – Tener un Diario

Durante el aprendizaje de la meditación,

se te pidetener un diario. Hay una razón para esto. Si puedes anotar los beneficios que obtienes de cada sesión, te ayudara a desarrollar tu habilidad de meditación. También puedes anotar las cosas que no te dejaron meditar y tratar de corregirlas en la próxima sesión. Así no continuaras cometiendo los mismos errores una y otra vez. Menciono esto porque conocí personas que no analizan sus sesiones y me dicen que no pueden meditar. No aprenden de las sesiones que tienen y no arreglan los problemas que surgen durante la meditación. Por eso, no aprenden. Para desarrollar tu habilidad de meditar, se te pide que al terminar cada sesión reflexiones sobre lo meditado y realmente analices tu progreso.

Paso 4 – Aprender a pensar en nada

Durante el aprendizaje de la meditación, vas a tener cosas específicas en las que pensar, como las que se describieron en los pasos anteriores. Sin embargo, te ayudara practicar tener momentos calmos. Estos pueden ser escuchar música y dejar que la música absorba tu mente. Sentarte y tratar de evitar los pensamientos conscientes por un rato. Tienes que poder relajar tu mente y la gente que esta estresada nunca lo hace. Por eso, necesitas alguna distracción que te permita olvidarte de tus preocupaciones del día. Te vamos a mostrar algunos ejercicios de mindfulness más adelante, pero intenta esto. Siéntate en un lugar cómodo y mira a tu alrededor. En vez de pensar en lo complejo que fue tu día, observa que es lo que vez a tu alrededor. Luego cierra los ojos e intenta nombrar todo lo que viste. Este es un ejercicio de autocontrol. Mientras piensas en estas cosas, no dejes que tus pensamientos divaguen.

Estos son los pasos iniciales para comenzar a practicar meditación. Una vez que los hayas completado y tengas el equipo que necesitas, podrás comenzar con tu meditación y descubrirás que te puede ayudar en tu vida. Sin embargo, estos primeros pasos te pondrán en el camino correcto.

Capítulo 3 – Aprender a Respirar Correctamente

La gente se ríe cuando les sugiero esto. Después de todo, respiran cada día de su vida y hasta ahora su reparación nunca los defraudo. Sin embargo, hay diferentes métodos para respirar y quizás necesites corregir alguno de los malos hábitosque desarrollaste durante años. Por ejemplo, ¿respiras por la nariz o por la boca? Si bien las dos formas funcionan, la nariz es más eficiente porque tiene pelos que ayudan a filtrar el aire para que no respires contaminantes o alguna otra cosa que irrite tus vías respiratorias. Sin embargo, no solo hay que respirar correctamente por la contaminación.

Paso 5 – Ejercitar la Respiración

Recuéstate en la cama y retira la almohada. De esta forma tu cabeza estará en una posición perfecta para respirar. Sin embargo, si tienes problemas de salud que te producen dolor en esta posición, utiliza una almohada lo más plana posible. Debes estar acostado de espalda. Pon una mano sobre tu abdomen. Inhala por la nariz y siente como el aire llena tu abdomen superior. Sostén la respiración por un momento. Exhala. Si lo hiciste bien, te darás cuenta que generaste un acción pivotante en tu abdomen superior. Si no sucede esto, inténtalo nuevamente hasta que suceda.

Paso 6 – Alinear la Columna

Durante tu vida, tu columna se desgasta. Si sufres de dolores de columna, este ejercicio te ayudara a realinear tu columna. Recuerda, si esto te causa algún tipo de dolor, sal de esa posición suavemente y no lo intentes con tanta fuerza. No supone que esto te cause dolor y puedes realizar estos ejercicios diariamente a un ritmo más lento para que no te cause dolor. ¿Por qué es esto relevante para la meditación? La alineación de la columna es algo vital durante la meditación ya que esto permite que la energía fluya por tu cuerpo.Recuéstate de espalda, pon tu mano sobre tu pecho. Inhala y cuando estés exhalando, presiona tu pecho y saca todo el aire por la boca. Realiza este ejercicio varias veces al día y quizás si lo haces todas las mañanas pueda ayudarte a establecer una rutina. Te darás cuenta que si sigues con este ejercicio, serás menos propenso a dolores musculares y podrás concentrarte más fácil en tu meditación.

Paso 7 – Aprender a Respirar y Relajarse

La relajación es algo muy importante para la meditación y si eres una persona estresada, lo más probable es que no te relajas y ves a la relajación como un signo de debilidad. La realidad es que la relajación te ayuda a recuperar fuerzas en vez de disminuirla. En la misma posición acostada que usamos antes, de espaldas, pon tus manos a tus lados. Asegúrate de que la cama sea cómoda y que no estas usando ropa incomoda.

Inhala y piensa en una parte de tu cuerpo. La forma en que yo enseño esto es empezar por los dedos de los pies y luego subir por el resto del cuerpo en este orden:

Dedos de los pies, planta de los pies, tobillos, pantorrilla, muslos, cintura, pecho, hombros, dedos de las manos, muñecas, antebrazo, parte superior de los brazos, cuello, cabeza.

Cuando pienses en los dedos de tus pies, flexiónalos así puedes sentir como se estiran y luego relájalos totalmente. Mientras comienzan a relajarse siente como se ponen más pesados. Luego muévete a la próxima parte de tu cuerpo hasta que hayas relajado todo tu cuerpo. No pienses en otras cosas. Piensa solo en las partes de tu cuerpo tensándose y relajándose.

Paso 8 – Aprender respiración energizante

La respiración energizante se utiliza en las ocasiones en las que necesitas un poco de ayuda con tus niveles de energía. Ya sean los niveles de energía mental o física. Esto se llama Nadi Shadhana y la razón por la que utilizas estos ejercicios cuando eres alguien que medita es porque te ayudan a concentrarte mejor y también ayudan a asegurarte que tu sistema respiratorio está limpio. Estos ejercicios también aseguran que el balance sea restablecido en ciertas áreas del cerebro así como satisfacen las necesidades del sistema nervioso.

Pon tu pulgar sobre tu fosa nasal derecha. Inhala por tu fosa nasal izquierda y mantén la respiración mientras cambias tu pulgar a la fosa nasal izquierda. Exhala por la fosa nasal derecha. Repite este ejercicio 10 veces. Quizás te des cuenta a medida que mejores en la meditación que este ejercicio es útil para mantenerte en un estado mental meditativo y para energizarte entre medio de las sesiones de meditación.

Capítulo 4 – Tu Primera Sesión de Meditación

Este capítulo está dividido en pasos simples de seguir para poder comenzar tu meditación. Se asume que nunca has meditado antes. Si lo hiciste, pero no tuviste éxito, igualmente completa los pasos por que quizás te equivocaste en alguna parte importante que si lo corriges puede ayudarte a tener éxito.

Paso 9 – Posiciónate para meditar

Siéntate en tu silla y cruza tus piernas. Debes estar vestido con ropa cómoda. La posición de tu columna es vital y debe estar completamente derecha.

Paso 10 – Posiciona tus Manos

Tus manos deben estar ocupadas y son usadas para ayudar a anclarte en una posición específica. Puedes ubicarlas sobe tus piernas o puedes usar la posición de yoga en la que están sobre tus tobillos. Sin embargo, respeta la posición de los dedos. Si decides posicionar tus manos sobre los tobillos, pon tu mano dominante sobre tu tobillo con la palma hacia arriba (si eres diestro, será la mano derecha) luego posiciona la otra mano, con la palma hacia arriba, sobre la que está en el tobillo, uniendo los pulgares. Si eliges la posición de yoga, pon tus manos sobre tus tobillos, con las palmas hacia arriba y junta tu dedo pulgar con el dedo mayor. Esta posición se mantiene durante toda la sesión de meditación.

Paso 11 – Piensa en tu propósito

Antes de que comenzar a meditar, es una buena idea estar en estado mental correcto. Dite a ti mismo porque estás haciendo esta meditación. Yo uso una especie de oración al comienzo de la meditación que es algo así:

Dame la fuerza personal para ver más allá de lo obvio y para poder adquirir un mejor entendimiento de la vida.

Lo que haces es establecer tus expectativas y eso es importante. No puedes pasar de tu ocupada vida a la meditación sin que haya algún especie de puente entre ello. Algunas personas hacen esto antes de ponerse en la posición de meditación y prenden incienso o velas para entrar en el estado mental correcto. Esto genera un sentimiento de propósito y es importante.

Paso 12 – Vaciar la Mente

Ahora, concéntrate en tu respiración por un corto tiempo. Esto no es meditación. Esto es relajarte y prepararte para meditar. Inhala por la nariz y luego elije tu si exhalar por la nariz o la boca. Inhala, sostén esa respiración y luego exhala. Mientras haces esto, intenta vaciar tu mente de todos los problemas e intenta lograr el estado mental correcto para meditar.

Paso 13 – Meditar

Cierra tus ojos así no te distraes con cosas externas. Inhala y concéntrate en como la respiración entra en tu cuerpo. Imagina que es una forma de energía. Si necesitas imaginarlo como algo sólido, está bien. Imagina como recorre tu cuerpo, y mantén la respiración por un momento. Luego exhala, sintiendo como el aire que sale recorre todo tu cuerpo hasta la boca. Cuenta hasta uno. Repítelo, inhala, siente como el aire recorre tu cuerpo y luego mantén la respiración por un momento. Exhala y cuenta hasta dos y así sucesivamente hasta llegar a 10.

Si crees que va a ser más fácil llegar hasta 10 sin pensar en otras cosas, te vas a dar cuenta de que no es tan fácil como parece al principio. Sigue intentándolo igual, porque tú puedes hacerlo. Es solo que toma tiempo poder apagar tu mente lo suficiente. Si piensas en otra cosa que no sea tu respiración durante la meditación, vuelve a contar desde el número uno, porque tienes que establecer la concentración en los pensamientos continuos de la respiración. Siente el aire entrando en tu cuerpo. Siente cuando lo mantienes dentro y luego siente como sale de tu cuerpo. Esto es meditar y si puedes dedicarle quince minutos de tu día a la meditación, te darás cuenta que mejoraras y querrás alargar esos quince minutos, lo que está perfectamente bien y es algo normal al desarrollar tu práctica de la meditación.

Capítulo 5 – Introducción al Mindfulness

El mejor momento para hacer Mindfulness es inmediatamente después de meditar. Este es un periodo en el que ya terminaste de meditar, pero todavía no estás listo para volver al bullicio de la vida.

Paso 14 – Aprender de tu Meditación

Te pedimos en los primeros capítulos que tengas un diario para registrar todas las cosas que sientes durante la meditación. Puede que reconozcas tus debilidades y donde es que te equivocaste. Después de llenar tu diario, siéntate en la pose meditativa y comienza a pensar de una forma consiente. El Mindfulness se trata sobre pensar en el momento en el que estas. Esto significa que no hay lugar para recuerdos del pasado y obviamente no hay lugar para las preocupaciones del futuro. Luego de que termines tu meditación y completes tu diario, siéntate con tus ojos abiertos y aprende a estar en el momento al observar todo a tu alrededor. Esto puede ser algo que ves en el fuego de una vela. Puede ser sentir la atmosfera de la habitación o inhalar el aroma de la habitación. Piensa solo en las cosas que tus sentidos detectan. Si divagas, vuelve a concentrarte en el momento.

Paso 15 – Paz y Calma Interior

En este ejercicio de Mindfulness, necesitamos que encuentres un lugar que te inspire. Cualquier lugar que te haga decir wow será adecuado. Puede que sea un jardín, un lugar lindo o algún lugar en donde encuentres paz y calma, como una playa al amanecer o atardecer o hasta pararte en la cima de una montaña. La razón por la que necesitamos que estés en este tipo de ambiente es porque este ejercicio es uno de humildad. Humildad es lo que sientes cuando sabes que el mundo a tu alrededor es más grande de lo que tú eres. La belleza de una flor te mostrara eso, así como el color amarillo de una hoja en otoño lo hará. Inspírate por lo que ves y mantén todos los otros pensamientos fuera de tu mente. Tienes que ser capaz de ver lo pequeño que eres en comparación de esta belleza, porque a veces lo olvidamos. Esta sensación de pequeñez puede parecer algo negativo en tu vida, pero en realidad no lo es. Pone las cosas en perspectiva de una manera positiva. Si bien eres pequeño, eres una de las maravillas que creo la naturaleza. Por eso eres igual de importante que todas las maravillas que ves a tu alrededor.

Siéntate en algún lugar cómodo y si quieres adoptar la posición de meditación está bien. Ahora usa tus sentidos y has desaparecer todos los pensamientos de tu mente, recoge los siguientes aspectos de lo que estés mirando:

- Los colores
- Los aromas
- Los sonidos
- Los contrastes
- La calma

Reflexionar sobre todas esas cosas siempre será beneficioso, pero si estas estresado, elegir un lugar que te inspire te ayudara a ser consiente y a sentir toda la belleza. Respira como respiras para meditar, aunque se consiente de todo a tu alrededor y deja que los pensamientos que pasan por tu mente se concentren en tus sentidos, en vez de dejar que se centren en otros tiempo y otros problemas. Déjate llevar.

Paso 16 – Comer Conscientemente

Quizás piensas que hablar de esto sea raro, pero cuando ves cómo la gente vive su vida estos días, te darás cuenta que no hay nada raro. La gente se apura para comer la comida. No dejan que su cuerpo disfrute del sabor y la textura de lo que comen. De hecho, algunos toman el desayuno en el camino por que no tuvieron tiempo de hacerlo en casa. Esto no solo es malo para tu cuerpo, tampoco está ayudando mucho a tu equilibrio. La próxima vez que quieras comer, asegúrate que tienes tiempo para sentarte y disfrutarlo. Si esto significa salir de la oficina e ir a un parque para sentarte a comer tu almuerzo, entonces hazlo.
Mientras saboreas tu comida, se totalmente consiente de lo que comes. Disfruta del sabor y las texturas. Mastica la comida correctamente y tomate tu tiempo para comer. Céntrate en el momento y

disfruta de la sensación de la comida caliente o fría en tu lengua. Disfruta el crujir de la comida. Disfruta de la explosión de sabor en tu lengua. El Mindfulness engloba el momento y no va más allá. Por eso, cuando estés comiendo, piensa solo en comer y empieza a sentir como tus sentidos se abren al deleite de la experiencia. Huele los aromas y siente como esa tasa de café caliente pasa por tu boca y calienta tu cuerpo.

Paso 17 – Mindfulness en la Observación

Se nos enseña que es lo que está bien y lo que está mal y casi siempre desarrollamos costumbres sobre cómo comportarnos. Eso es perfectamente normal en una sociedad. Sin embargo, por lo que si nos preocupamos es como es que nos acomodamos a esas ideas y a los ideales de una sociedad. ¿Eres muy gordo? ¿Eres muy flaco? ¿Eres lo suficientemente alto? ¿Eres lo suficientemente lindo? Todo esto afecta tanto nuestra autoestima que la mayoría de la gente se mira al espejo y no está cien por ciento feliz de lo que ve. El

Mindfulness en la observación nos ayudara en esto. La idea es que observes a la gente, y al hacerlo, no los juzgues. Siéntate en un lugar lleno de gente y solo mira a la gente. Observacómo se mueven sus cuerpos. Escucha como se ríen los niños. Este momento te ofrece muchas experiencias valiosas, pero lo que la filosofía Budista incluye es algo que se llama "ver legítimamente". Eso significa que observas sin ningún tipo de prejuicio. Solo eres un desconocido observando, en vez de un crítico.

Lo que te enseña este tipo de observación es aceptación. Te hace capaz de ser más empático. Te permite ponerte en los zapatos de las otras personas y eso es algo muy valioso. Mirar a las expresiones faciales. Entender la forma en la que las personas se comportan y también la forma en la que se relacionan entre sí, pero recuerda dejar los prejuicios fuera de esto. Si eres consciente de los otros, es más probable que interactúes con ellos de una forma positiva. Aparte te ayuda a ver más allá de lo obvio y a ver el mundo con compasión. Ese sentimiento es muy valioso y te hace más humano de lo que serias.

Mindfulness es lo que indica la palabra. Es ser consciente. Es tener en cuenta lo que pasa cuando está pasando y aprender de eso. Para practicar Mindfulness, mira tú forma de pensar y cuando te des cuenta que se va hacia otros tiempos, tienes que saber que si vives el presente dentro de otro tiempo, pierdes la oportunidad de hacer que él AHORA sirva para algo. El pasado ya paso. El mañana todavía no llego. Practica vivir en el ahora. Puede que sea todo lo que tienes.

"Si quieres conquistar la ansiedad de la vida, vive el momento, vive en un suspiro"
~Amit Ray

Capítulo 6 – Meditación Enfocada

A menudo les hablo a mis estudiantes sobre la meditación enfocada porque les sucede que su mente divaga y quieren encontrar un ancla que mantenga su mente calma durante las clases de meditación. Una de las formas de enfocar tu mente es usar el enfoque como parte de tu meditación. Déjame mostrarte como se hace:

Paso 18 – Encuentra un Punto Focal Inspirador

Busca entre las cosas que posees y encuentra algo que te guste mirar. Puede ser una postal de buda o puede ser el efecto mágico que da una vela. Puede ser cualquier cosa, pero tiene que ser algo en lo que sientas que te puedes concentrar por un periodo de tiempo.

Paso 19 – Prepararse para Meditar

Ahora que tienes algo en lo que sabes que te puedes concentrar, ponlo en donde lo puedas verlo de manera que tengas la cabeza derecha, mientras estas sentado en la pose de meditación. Esto puede hacer que tengas que ajustar la posición hasta que esté en el lugar correcto, pero lo vale. El lugar que elijas debe ser uno que no tenga muchas cosas alrededor que te distraigan. Por ejemplo, si entran rayos de luz de la ventana o hay algo que hace sombra, si esto sucede es mejor mirar hacia el lado opuesto así te concentras en tu punto de concentración.

Siéntate en la posición de meditación y comienza a concentrarte en tu respiración como lo harías durante la meditación normalmente.Esta vez se te permite tener los ojos abiertos, pero no debes quitarlos de tu punto de concentración. Este es el centro de tu concentración. Si te distraes de él durante la meditación, vuelve a llevar tus ojos hacia el objeto nuevamente, y comienza con la respiración de nuevo, contando del uno al diez cuando exhalas y luego de diez a uno. Inhalaras, te concentraras en la respiración como hacías antes. La única diferencia es que lo puedes hacer con los ojos abiertos, usando el punto de concentración para ayudarte a volver a la meditación.

Paso 20 – Concentrarte en el canto

Cuando te concentras en el canto, te ayuda bastante porque el canto te permite desplazar los otros pensamientos de tu mente. Sin embargo, vas a tener que aprender a usar el canto. Los pasos de más abajo te ayudaran a concentrarte en el canto, pero también a cantar de la forma correcta. Cuando medites de esta manera, usaras la posición que usas siempre, pero tu concentración estará en el canto, en vez de en tu respiración.

Paso 21 – Aprender a cantar

Piensa en la palabra "Om" ya que este es el mantra universalmente usado para la meditación. Si cantas la palabra "Om" con tus labios abiertos un poco, te darás cuenta que te cosquillea la lengua. Si no sientes ese cosquilleo, inténtalo de nuevo con tus labios posicionados un poco diferente. Inhala como siempre, pero en vez de concentrarte en exhalar, concéntrate en el canto. Entonces, inhala, mantén la respiración por un momento y luego exhala cantando el mantra mientras lo haces.

Paso 22 – Incorporar el canto a tu meditación

Posiciónate para meditar. Dite a ti mismo que vas a meditar para poder acercarte a la apertura de tu entendimiento. Como dije antes, hacer algo para empezar la meditación es útil y te ayuda a enfocarte en la causa. Es este tipo de meditación, puedes posicionar tus manos sobre tu falda – con tu mano dominante debajo y las palmas apuntando hacia arriba. Debes unir los pulgares.

Cuando comiences con la respiración, inhala y siente como el aire entra en tu cuerpo. Mientras mantienes la respiración, comienza a cantar exhalando y concéntrate en el canto. Cuenta hasta uno. Repite lo mismo y cuenta hasta dos y así sucesivamente hasta llegar a diez. Luego vuelve hasta el uno.

Paso 23 – Mejora tu Meditación

Al final de la sesión de meditación, haz una nota mental de lo que sientes que podrías mejorar de tu meditación y luego regístralo en tu diario. Aconsejo a mis estudiante que tengan el diario a mano así pueden llenarlo mientras todavía estas en la pose de meditación.

Piensa en tu sesión de meditación y analiza que cosas sientes que podrías haber hecho para hacer que tu mente no piense en otras cosas. Anota como te sentiste porque es muy importante. A medida que adquieras más experiencia veras cambios en la forma que te sientes y anotarlo te deja ver el progreso que has hecho.

Paso 24 – Prepararte para terminar tu sesión de meditación

En esta etapa, tienes que tomártelo con calma porque tu presión sanguínea esta baja. Tus latidos son más lentos. Tu mente está más lenta y eso es algo bueno. Antes de volver corriendo al mundo real, relájate y disfruta esa sensación de volver a pensar de nuevo. Este puede ser un buen momento para encender una vela. También puede ser un buen momento para sentarse y respirar y contemplar la calma del momento, preparándote gradualmente para levantarte y volver al mundo real.

Es importante que no hagas pasar a tu cuerpo por cambios de ambiente muy rápido. Por eso tómatelo con calma y quizás limpiar y ordenar tu área de meditación sea una actividad no tan cansadora como para volver a la actividad normal.

Los dos métodos de concentración anteriores se centran en una cosa específica. Tú debes decidir entre algo que puedes ver y algo que puedes escuchar. El canto es una buena forma de concentrarse para las personas que tienen una mente muy activa ya que el canto hará que tu mente se concentre lo suficiente como para evitar otros pensamientos. Si decides cantar, quizás puedas mejorar tu canto usando un cuenco tibetano. Este cuenco produce un cierto sonido que puedes usar como el tono para tu canto. Yo encuentro que el uso del cuenco tibetano es muy terapéutico aunque también puedes descubrir que disfrutas el sonido de un gong o una campana y prefieres usar esto antes de tu canto.

Capítulo 7 – Encontrar la paz a través del conocimiento meditativo

Siento que es muy importante que tengas un mejor entendimiento sobre la meditación desde un punto de vista espiritual y este capítulo te dará trabajos que puedes leer que te ayudaran a formar tus ideas sobre la meditación. Cuando lees literatura que te eleva y que está escrita para ayudar a la gente a entender el lado espiritual de la meditación, obtienes un mejor entendimiento de la vida. Tomarse el tiempo para leer y para disfrutar del acercamiento espiritual entre tu cuerpo y mente te ayudara mucho a encontrar la paz. Este libro no solo te sugerirá material de lectura. También cubrirá otras actividades que puedes hacer en conjunto con la meditación para mejorar tus habilidades meditativas.

Paso 25 – Leer Textos inspiradores

Hay muchos textos inspiradores que puedo recomendar para que leas. Kahlil Gibran fue un filósofo particularmente bueno quien escribió un libro llamado "El

Profeta" que toma problemas de la vida cotidiana y explica cómo superarlos. Este es un muy buen libro para la gente que recién comienza con la meditación. Otro libro que recomendaría es La Salud Emocional escrito por Daniel Goleman el que te mostrara los beneficios de vivir una vida espiritual y de mantener tu práctica de la meditación. Muchas personas se entregan a las cosas estresantes de la vida por que no se dan cuenta del impacto que la meditación y el Mindfulness pueden tener en su vida. En ese libro, Expertos en Medicina, psicólogos y científicos que se juntaron con el Dalai Lama para la conferencia sobre Mente y Vida son convencidos que la meditación y el Mindfulness pueden mejorar la salud y el bienestar. Todo está detallado en el libro y los doctores buscan maneras de mejorar las vidas de las personas a través de la práctica de la meditación. Te parecerá inspirador y te ayudara a mantener la rutina de meditación.

Paso 26 – Conocer los beneficios de la Meditación en Movimiento

Habrá momentos en los que necesites la fuerza que te da la meditación, pero estés lejos de tu lugar de meditación. La gente ocupada encontró que la meditación en movimiento es útil para estos momentos. Ahora que aprendiste a respirar correctamente, de la manera en la que se diferencia la meditación en movimiento es que se hace con los ojos abiertos y de pie. Simplemente baja tu cabeza y muevetus brazos hacia tu atrás entrelazando tus manos detrás de tu espalda.

La caminata que haces no es tan importante como la energía que ganas de ella. Por eso, despeja todos los pensamientos de tu mente y concéntrate en tu respiración como harías con otras formas de meditación. Siguecaminando, puedes caminar en círculos si estas en un lugar pequeño. Puedes haber visto a empresarios a los que les gusta caminar para pensar, esto es algo parecido, solo que tú no estás pensando en los problemas del día. En cambio, te concentras en cosas diferentes. Te concentras en la respiración, en el movimiento y ritmo del cuerpo. Te concentras en el movimiento de los pies.

Este tipo de meditación es muy útil y te ayuda a prepararte para momentos difíciles, exámenes o para hablar delante de una audiencia. Te energiza y prepara tu mente para concentrarse fácilmente en la materia en cuestión. Es una gran forma de meditación para hacer antes de una entrevista.

Paso 27 – La conexión Cuerpo-Mente

¿Alguna vez notaste lo bien que trabajan el cuerpo y la mente? Cuando están perfectamente alineados como cuando terminas de meditar, tu vida se vuelve máspacífica. Es más fácil para ti relajarse y te estresas menos. Por eso, si quieres avanzar más, sería una buena idea inscribirte en una clase de yoga porque esto sí que te lleva un paso más adelante. Los movimientos que se hacen durante una clase de yoga también sirven para relajar tu mente y ayuda a hacer esa conexión cuerpo-mente. Hacer yoga y meditación juntas,te ayudara a encontrar paz dentro de tu cuerpo y alimentara tu alma con inspiración. No solo eso, te cruzaras con gente que piensa de la misma forma que ti y también te ayudaran a desarrollartus habilidades.

La meditación de yoga es algo realmente útil y tu maestro te podrá mostrar cómo usar esta meditación en la práctica de yoga para que encuentres el mayor equilibrio en tu vida. Los estiramientos suaves que la gente hace cuando hace yoga los ayuda a cruzar el límite sin lastimarse. También te ayudan a alinear los chakras, que a la vez te hará sentir más sano y consecuentemente más feliz.

Capítulo 8 – La importancia de las decisiones de estilo de vida

Tu estilo de vida juega un papel importante en cuan feliz eres pero puede haber elementos de tu estilo de vida que no consideres importantes para tu estrés. Son importantes y seguir los pasos que están más abajo, hará que mejores el potencial de tu meditación y de la práctica de mindfulness:

Paso 28 – Conocer los beneficios de una dieta variada

Tu cuerpo necesita gasolina. La gasolina en este caso viene en forma de comida. Debes respetar los requerimientos de tu cuerpo de vitaminas y minerales y eso no significa tomar pastillas y esperar que hagan todo el trabajo. Asegúrate de tener una dieta saludable. Evita muchos carbohidratos y mucha grasa mala. Tu cuerpo depende de la comida que comes y comer comidas balanceadas es esencial. También deberías ser consciente de tus hábitos alimenticios y tomarte tu tiempo para comer. Asegúrate de tomar al menos

6 vasos de agua el día ya que esto mantendrá a tu cuerpo hidratado. Esto no incluye al té y el café, ya que estos no le dan los mismos beneficios a tu cuerpo.

Los vegetales y las frutas frescas son esenciales y deberías comer carne que no tenga mucha grasa. Las carnes blancas son bastante buenas ya que proveen proteínas sin tener grasa. Si comienzas a meditar, te darás cuenta que no te darán tantas ganas de comer bocadillos rápidos porque reconocerás las necesidades de tu cuerpo.

Paso 29 – Guarda tus malos hábitos

Todos sabemos que los malos hábitos pueden matarnos. No es una cuestión de si te van a matar. Sino de cuando lo harán. Reduce el consumo de azúcar e intenta reducir la consumición de alcohol y tabaco excesivo porque estos son factores estresantes que empeoraran tu situación. Con tantas cosas para ayudarte hoy en día, seguro encontraras un substituto más sano para esos malos hábitos.

Paso 30 – Desintoxicación

No me había dado cuenta cuanto el cuerpo necesita ser desintoxicado antes de comenzar con la meditación. Necesitas limpiar tu cuerpo de vez en cuando y neutralizar todas las toxinas y no hay mejor forma de hacerlo que tomando te de ortiga. Si compras las hojas de una herboristería y preparas él te en una olla, puedes meterlo en botellas y tomarlo frio durante el transcurso del día. Si te sientes lento, puedes elegir hacer una ayuna intermitente, en la que solo tomaras el té durante 24 horas. No te hará daño y si tienes dudas sobre si funciona, pregúntale a tu doctor.

Paso 31 – Dormir lo suficiente

Parte de la razón por la que la gente no puede meditar es que no puede concentrarse por que están cansados. Debes respetar la necesidad de dormir y relajarse de tu cuerpo. Durante el transcurso del sueño, tu cuerpo libera hormonas que ayudan a tu sistema nervioso y a tus órganos a funcionar

correctamente. Puedes sufrir de cansancio y estrés si no respetas las horas de sueño que necesitas. Alguna gente puede vivir con 6 o 7 horas aunque por lo general se debe apuntar a tener ocho horas de sueño. Si ves que no puedes dormir lo suficiente, entonces cambia tus hábitos.
- No comas o bebas después de las 6 de la tarde
- Has algo relajante antes de dormir
- Aprende a no mirar programas de televisión violentos antes de dormir
- Has que tu habitación sea cómoda y acogedora
- Apaga el ordenador y aleja el teléfono

Darte el suficiente tiempo de relajación te ayudara a meditar correctamente. También podrás estar más alerta y podrás enfrentar la vida de mejor manera. Si estás buscando paz interior en tu vida, recuerda que tu cuerpo también la busca.

A pesar que este capítulo contiene mucha información sobre estilo de vida, te sorprenderías de escuchar cuantas personas ignoran sugerencias obvias. Se estresan por que comen las comidas incorrectas, o no toman la cantidad de agua suficiente. No duermen bien y luego se preguntan por qué están cansados. La meditación te ayudara a cuidarte de una manera más efectiva y todo comienza con tu estilo de vida. Anota tus malos hábitos e intenta hacer algo para que tu cuerpo y mente la tengan más fácil.

Capítulo 9 – Añadir inspiración a tu vida

Agregué este capítulo porque te ayudara en la práctica de la meditación y agregara una nueva dimensión a tu vida. Si eres el tipo de persona que no se ejercita lo suficiente, entonces esto también te ayudara. No necesitas inscribirte en un gimnasio o hacer ejercicios que te estresen ya que tu vida es lo suficientemente estresante. Sin embargo, tienes que mantener activo a tu cuerpo para poder estar en condiciones óptimas y permitirte disfrutar de los beneficios de la movilidad y el aire fresco. Los próximos pasos te ayudaran a abastecer las necesidades de ejercicio de tu cuerpo y también te darán inspiración lo que ayudara a concentrarte cuando meditas.

Paso 32 – Hacer caminatas inspiradoras

Ya sea que saques al perro a pasear o solo salgas a tomar aire, puedes practicar mindfulness cuando caminas. Observa – pero no juzgues. Mira las cosas que vengan hacia ti. Observa cómo se forman los brotes en los árboles. Observa las flores en el parque o jardín. Mira cómo se alimentan los pájaros o simplemente escucha la risa de los niños en el parque.cuando caminas, ayudas a tu postura y eso es maravilloso para la meditación pero también alimentas tu alma con inspiración.

Notaras que las caminatas inspiradoras te harán sentir más cercano a la naturaleza y la naturaleza es un sanador muy potente. Por eso, si ere alguien que sufre de estrés pero busca paz, una caminata por el bosque te acercara más de lo que imaginas.

Paso 33 – Anotar tus pensamientos

Este es otro paso inspirador que puedes hacer. Si tienes un diario, plasmarlos en el papel puede ayudarte a sacarlos de tu mente. Aunque tus problemas sean vastos, compartirlos puede ayudar y compartirlos con un diario puede ser algo bueno porque no tienes que preocuparte por lo que otra persona piense. Cuando escribes tus pensamientos, cierra el diario y deja que tu mente trabaje sobre los problemas por sí sola, sin que tu hagas nada. La meditación te ayuda a encontrar soluciones sin siquiera intentarlo y también te ayuda a ganar inspiración.

Paso 34 – Ser Creativo

Desde que comenzaron con la meditación, muchos estudiantes se dieron cuenta que su lado creativo se potencia. Este lado creativo siempre lo dejamos al fondo de nuestra mente porque tenemos cosas más importantes que hacer, pero ese es un error gigante. La cantidad de inspiración que puede ser obtenida de las actividades creativas no debe ser subestimada. Por ejemplo, ¿Has querido pintar un cuadro desde siempre? ¿Qué te detiene? No importa lo bueno que seas en las cosas creativas. Lo que importa es que te des tiempo para ser creativo.

En tu mundo de trabajo, quizás se te acabaron las ideas porque dejaste de crear. Apagaste esa parte de tu mente que quiere explorar la creatividad, a cambio de resolución de problemas o responsabilidades. La creatividad es algo sumamente importante para todos ya sea que te guste tejer una bufanda muy cutre o hacer una estatua de arcilla, si puedes encontrar lugar para estas cosas en tu vida, esto te ayudara en el camino hacia la paz también.

Conclusión

Durante el transcurso de este libro, explique cómo meditar y se discutieron varios métodos. Es importante saber que el estilo de vida, la dieta y el comportamiento habitual son parte de la vida cotidiana y pueden presentar la misma cantidad de problemas que la angustia mental. Si tu cuerpo no recibe el cuidado que necesita, eventualmente se queja y en vez de sumarle esto a tus niveles de estrés, meditar te ayudara a resolver ese problema. Cuando eres más consiente de la conexión entre tu cuerpo y mente, tiendes a cuidar todos los otros aspectos de tu vida.

Vuelve a leer el libro y avanza por los 34 pasos hacia la paz porque si los sigues, no hay razón por la que no encuentre la paz. La meditación te ayuda a recuperar el balance en tu vida. Quizás pienses que meditar es no hacer nada, pero es muy útil y si bien tu mente esta en otro lado, detrás de escena, tu cuerpo continua sanando.

Aprendes a dominarte a ti mismo. Aprendes el significado más profundo de la vida y eres capaz de obtener el tipo de paz que quizás buscaste toda tu vida. Dejar que el inconsciente salga a jugar es algo muy sabio ya que esto no demanda de la charla constante a la que lo exponemos. Si te falta sueño, entonces quizás no obtienes el sueño REM que tu subconsciente necesita y eso es importante. La meditación te ayuda a recuperarlo.

Cuando hayas meditado correctamente, lo sentirás. Sentirás que tienes energía extra, que resuelves problemas de una nueva manera que es más eficiente y que estas más calmado en general. La paz que obtienes de la meditación es una que dura mucho, siempre que sigas meditando y hagas de la meditación una parte de tu vida cotidiana.

El Mindfulness, en cambio, es algo que puedes hacer conscientemente para que toda experiencia en tu vida sea más rica. Comenzaras a saborear tu comida. Comenzaras a apreciar a la gente a tu alrededor y los juzgaras menos. También aprenderás cuál es tu lugar en la vida y cómo encaja alrededor de esa gente.

Aprenderás a ser más comprensivo y entablaras relaciones más sanas porque tendrás más paciencia y tendrás más energía para invertir en las relaciones.

Si bien sería tonto pretender que tengo todas las respuestas para los problemas de tu vida, la meditación es algo más grande que yo.Se ha practicado desde antes de Cristo y lo que Siddhartha descubrió hace tanto tiempo es que los humanos son infelices por sus propios medios y son responsables de su propio sufrimiento. Si viven dentro de las guías establecidas que no son nada restrictivas en su naturaleza, también aprender a reducir su propio sufrimiento. Las formas de los Budistas están basadas en los principios de Siddhartha Gautama y son principios muy simples de seguir. Abarcan la forma en la que te relacionas con otros, la forma en la que te comportas y la forma en la que avanzas en tu vida.

Lo que tienes que entender por sobre todo es que tu felicidad recae firmemente en tus propias manos y que la meditación es el vehículo para capturar esa felicidad.

Cuando lo incluyes en tu vida, no miraras hacia atrás. No te arrepientes. Lo que los Budistas buscan es esa perfecta armonía y balance en la vida que representa la iluminación. Si puedes superar todos los pasos que están en este libro, no hay razón por la que esta no puede ser tu meta. Cada vez que meditas y cada vez que te detienes en tu vida, estas maximizando el potencial de ese momento que das al AHORA.

www.ingramcontent.com/pod-product-compliance
Lightning Source LLC
Chambersburg PA
CBHW071908070526
44583CB00016B/1890